Ça s'arrangera

Ça s'arrangera

Ça s'arrangera

Ça s'arrangera

Anouk Bellefleur

Ça s'arrangera

<< Aucune partie de ce livre ne peut être reproduite sous quelque forme que ce soit,sans la permission écrite de l'auteur ou de l'éditeur >>

Après avoir écrit ce recueil je me sens mieux.L'écriture est un échappatoire.Ce recueil de textes et de poèmes est écrit tel qu'un journal intime, des poèmes des jours où ça n'allait plus ou pas.

Les sujets abordés

- La peur
- Le jugement
- Les complexes
- L'amour
- L'amitié
- L'évolution

Ça s'arrangera

LA PLAYLIST
(spotify)

Ça s'arrangera

Nous cachons tous une chose,

mais moi, j'en possède trop,

je me tais,

je les regarde,

je ne dis rien,

je crains d'être en trop,

j'ai peur.

Ils parlent sans prêter attention à moi,

je me dis *ça s'arrangera* avec le temps,

je pars, ils en font abstraction.

Ça s'arrangera

J'étais là, dans l'agitation de la foule.

J'entre dans la salle,

J'ai peur de ce qu'il va m'arriver,

J'attends, je lui serre la main,

Je prie pour que nous soyons ensemble,

J'entends mon nom.

Je rejoins ma nouvelle classe avec mes nouveaux camarades de classe,

Puis j'ai réalisé que son nom n'était pas appelé.

Je sens les larmes monter en moi,

Mais je me suis forcée à les cacher,

J'ai horreur de cette sensation.

Ça s'arrangera

Arrivée en classe,

j'essaie de trouver une place.

Au fond, il en reste qu'une seule contre le mur.

Qu'il est ennuyeux ce premier jour de cours,

La sonnerie indique la fin des cours,

J'attrape mes affaires et m'en vais,

je ne les attends pas,

je franchis la sortie du collège,

pendant qu'elles étaient contentes d'être dans la même classe,

moi, j'étais en train de pleurer.

On dirait qu'elles ne voient pas que je pleure,

je cours le plus vite possible

pour m'éloigner d'elles.

Ça s'arrangera

Tout le monde a les yeux rivés sur moi,

La colère monte,

Comment ont-elles pu faire ceci ?

Ça s'arrangera

J'observe les personnes de ma classe,

je me dis que c'est pas terrible,

à chaque fois que je regarde la classe,

de mes meilleures amies,

je ressens quelque chose qui nous hante tous.

    - *la jalousie*

Ça s'arrangera

Contente-toi de tes déceptions pour en faire une victoire.

Ça s'arrangera

J'enchaine les mauvaises notes,

Mathématiques, Histoire-Géo,

Et plus encore,

Je n'en peux plus,

Cela endure beaucoup trop d'anxiété qui n'est pas nécessaire,

Les professeurs disent que ce n'est qu'une simple note,

Ou qu'on n'a pas assez travaillé,

Pour nous, les élèves, c'est loin d'être une simple note ou un simple chiffre,

Cette « mauvaise » note peut nous faire pleurer ou même pire,

Mais sachez que derrière ces chiffres,

Il y a parfois énormément d'efforts,

Et de galères,

Pour réussir.

Ça s'arrangera

Vous nous dites d'arrêter de stresser pour un contrôle

Vous êtes les premiers à nous mettre la pression

Sachez que vous ne savez pas l'effort derrière une note

Sachez quand on a soi-disant pas réussi un contrôle

Ce n'est pas spécialement un manque de travail

Mais à cause d'une fatigue mentale.

Ça s'arrangera

Tu m'as rendu heureuse.

Dès que tu m'envoies un message, des photos,

je souris.

Tu as toujours su me remonter le moral,

dans les moments les plus difficiles,

et je t'en remercie encore.

Ça s'arrangera

Celle qui me connaît depuis une éternité,

un coup de foudre amical parfait,

Reste-là s'il te plait,

Ne t'envole pas comme un corbeau ferait.

Ça s'arrangera

Ne pleure jamais pour quelqu'un dans ta vie, ils ne méritent pas tes larmes et ceux qui le méritent ne te laisseront jamais pleurer.

Ça s'arrangera

Elle m'a aimé,

Elle m'a soigné,

Elle s'est aussi éloignée.

Ça s'arrangera

Je la déteste,

Je déteste cette voix.

Parfois, je les identifie comme mes démons intérieurs,

Que je chasse chaque nuit,

Pour essayer de les faire fuir,

Des petits démons qui peuvent te pourrir la vie,

En te redisant une méchanceté,

Qu'une personne malveillante a pu dire,

Je déteste cette voix,

Pourtant c'est bel et bien la mienne.

Ça s'arrangera

Je suis tombée amoureuse d'un garçon,

pendant trop longtemps j'ai cru,

qu'il y aurait une possibilitée entre nous,

je l'ai confié à une amie,

elle lui a dit,

le garçon dont j'étais amoureuse,

ne l'était pas,

je fus déçue.

Ça s'arrangera

Il n'y a rien de plus précieux que de savoir qu'on compte pour quelqu'un.

Ça s'arrangera

Cette émotion qui envahit mon corps,
je ne l'ai à peine réclamer or,
elle est bien là,
je ne peux contrôler,
ce qui se passe dans ma tête,
je récite mon texte,
j'ai cette boule au ventre infernalement dérangeante,
lorsque cette émotion envahit mon corps,
croire que je suis traumatisée.
Or ce n'est que le stress.

Ça s'arrangera

Mon anniversaire était incroyable,

C'était un moment mémorable.

À ma longue table, remplie avec tous mes amis.

Moi, en tête de table.

Je soufflais les bougies et fis un vœu.

cette sensation d'être le centre du monde juste pour une fois est splendide.

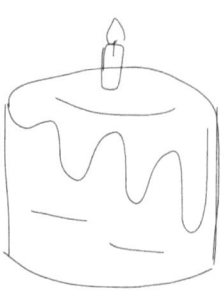

Ça s'arrangera

Que ce qui nous fasse sentir bien et heureux soit infini sans aucune date d'expiration.

Ça s'arrangera

J'ai été invitée à sa fête.

On s'est assis.

Ils parlent,

ils rient et moi,

je suis dans un coin,

sur un canapé.

On s'est ennuyé,

et enfin, on a joué à action ou vérité…

Ça s'arrangera

Un de mes passes temps préférés, la lecture,

j'adore tourner les pages pour en apprendre plus sur la suite,

pourtant, cette page de ma vie je n'ai pas envie de la tourner,

je veux que cette année reste gravée dans ma mémoire à tout jamais.

Ne la tournons pas.

Ça s'arrangera

LA VIE EST UN MYSTÈRE QU'IL FAUT VIVRE ET NON UN PROBLÈME À RÉSOUDRE.

Ça s'arrangera

Ce soir je pleure,

juste pour quelques heures,

pour une amitié perdu,

un garçon inattendu,

sans doute déjà enfui,

finalement je pleure toute la nuit.

Ça s'arrangera

Le jugement,

Tout le monde peut juger,

Mais savent-ils qu'à un moment donné, qu'il faut arrêter,

Ils te jugeront de toute façon,

Quoi que tu fasses et où tu vas,

Alors laisse-les au moins te juger,

Pour ce que tu es réellement.

Ça s'arrangera

Quelqu'un jugera toujours ton chemin,

n'importe celui que tu prendras.

Alors prouve à cette personne,

Jusqu'à ce que ça résonne.

Prouve que tu es la ou le meilleur(e).

Ça s'arrangera

Tes jugements ne définissent pas,

le genre de personne que je suis,

mais plutôt le genre de personne que tu es.

Ça s'arrangera

J'ai beau vouloir expliquer comment je vais,

personne ne semble réellement me comprendre,

ce qui se passe vraiment,

dans ma tête,

j'ai beau leur expliquer encore et encore,

mais personne ne comprend.

Ça s'arrangera

J'ai peur de prendre trop de place,

J'ai peur de déranger,

De prendre la parole,

J'essaye mais c'est compliqué.

Ça s'arrangera

Ce que je vois dans le miroir,

Je ne l'aime pas.

Dans mon miroir,

Je vois mes défauts et mes défaites,

Je ne l'aime pas.

Ça s'arrangera

Peur d'être moi-même.

Est-ce si difficile ?

Pourtant, cela paraît facile.

Ça s'arrangera

Lorsque l'on me demande si je vais bien,
par réflexe, je réponds,
oui.
En réalité, je ne sais même pas
si je le suis vraiment.
De temps à autre,
cette question me trotte dans la tête,
Est-ce que je vais bien ?
Le monde dira oui.
Mais moi, je dirai non.

Ça s'arrangera

Je t'aimais,
pas comme les gens le pensaient,
pas comme les livres,
ou encore les poèmes le décrivaient,
non je t'aimais,
pas comme les films le décrivaient,
non je t'aimais réellement,
mais tu es parti.

Ça s'arrangera

J'adorerai lui dire ce que j'ai de mauvais sur le coeur,
mais par peur,
je m'abstiens à tout risque,
je me tais,
j'empile des boîtes,
qui s'empilent chaque jour, encore et encore,
lorsqu'elles s'écrouleront ne vient pas pleurer dans mes bras.

Ça s'arrangera

Quand pour moi c'était difficile,
où étais-tu ?
J'avais pourtant besoin de toi,
j'étais foutue.

Ça s'arrangera

De rocher en rocher,
de cascade en cascade,
le courant fort qui me tire pour me faire tomber
et glisser.
L'eau gelée sur ma peau qui me donne des
frissons.
Cette eau qui m'apaise.
Je fus paralysée par l'eau glacée.
Cailloux et petits insectes sous
mes pas.

   – j'ai traversé une rivière.

Ça s'arrangera

Quand un simple "je t'aime"
me fait sourire durant des heures,
jusqu'à en avoir mal aux joues,
même un "bonne nuit" avec mon prénom me
donne des crampes aux joues ou même des
frissons.

— *C'était seulement un rêve*

Ça s'arrangera

Je sais qu'au fond,
je ne t'oublierai jamais,
car tu as été le premier,
que j'ai réellement aimé.

Ça s'arrangera

On rigole mais il y a une fille ici,
qui continue de donner sa confiance,
alors qu'elle sait très bien,
que ça n'en vaut même plus la peine.

Ça s'arrangera

Arrête de tirer si bêtement sur ces fils,
les fils se bloquent, n'est-ce pas ?
et si tu t'approchais et observais la situation,
tire fils par fils,
problèmes par problèmes,
ça se démêle petit à petit,
ils se cassent un peu,
mais il n'y a plus de noeuds,
cependant,
ils ne seront plus jamais comme avant.

— on oublie pas, on vit avec

Ça s'arrangera

J'ai peur qu'on me remplace,
pendant toute cette année, j'ai eu du mal
à trouver ma place,
j'ai horreur d'être entourée d'une dizaine de
personnes,
par manque de confiance en moi.

Ça s'arrangera

La fleur en moi a fané.La personne que je suis,je ne veux pas la tuer,je veux l'améliorer.

Ça s'arrangera

Chaque fois que j'achète
un vêtement, un sac et plein d'autres choses,
j'ai toujours besoin d'une confirmation de la part
de mes amies.
Leur avis…
En réalité ça m'aide,
je n'ose pas l'utiliser ou le mettre,
si elles ne me donnent pas leur avis.
Vous direz,
que c'est mon avis qui compte
en premier
et seulement le mien.
Je porte quand et comment je le veux.
Pour moi cela est très difficile.

Ça s'arrangera

L'impression d'être rejetée,
ou être mise à l'écart,
ça ne sert à rien,
dites-moi plutôt adieu,
je trouverai peut-être mieux,
même si j'ai pas envie de vous perdre.

Ça s'arrangera

Quand j'écris ou lis,
je me sens libre,
d'exprimer réellement ce qui se passe dans ma tête.
Je cache ce que j'aime faire.
Une fois les mots "lecture, livres..." prononcés,
ils rigolent,
ils disent que cela n'a pas d'intérêt
et te traitent d'*intello*.
Je lis pour m'évader.
Je lis pour échapper à la réalité de ce monde,
parfois si cruel.

Ça s'arrangera

j'aime lire,
découvrir un autre univers
nous enrichit, nous fait sourire et nous fait
voyager. Un livre est un monde.

Ça s'arrangera

Je ne sais pas ce qui a changé en moi,
mais ce que je sais,
c'est que je m'accepte comme je suis.
Et puis je dois bien faire avec,
j'ai plus horreur de ce que je vois
dans mon miroir.
Je ne cache plus que j'aime lire et écrire,
je demande moins à mes proches leur avis sur un vêtement.
Lire un livre en public c'est normal,
l'important est de faire ce que tu aimes,
fais ce que tu aimes !

— *évoluer*

Ça s'arrangera

Tard le soir,
je lis mon livre,
jusqu'à ce que mon téléphone
indique 3:30 du matin,
mes cernes gonflées,
n'en peuvent plus,
mon cerveau me dit d'arrêter,
je me dis de continuer,
le lendemain, je suis crevée.

Ça s'arrangera

Je suis en train de changer et je mérite ce qu'il y a de mieux.

Ça s'arrangera

Le mélange magnifique des couleurs,
les nuages roses en fond,
parfois quelques palmiers
pour le rendre parfait,
cela mérite d'être pris en
photo,
j'ai observé un coucher de
soleil.

Ça s'arrangera

Un matin,
Un beau garçon m'a ajouté sur un réseau social,
j'ai accepté,
nous commencions à parler,
on devint amis,
tout se passait très bien jusqu'à ce qu' il m'envoie
des coeurs rouges sans raison,
et explication,
il m'a posé une question,
"es-tu célibataire"
évidemment j'ai répondu que c'était bel et bien le cas.
Puis, il a enchaîné avec une seconde question,
"voudrais-tu une histoire d'amour avec moi"
je trouvais cette question étrange,
on se connaissait même pas depuis une heure,
je lui répondis que je n'en voulais pas,
le garçon qui m'aimait
fut déçu,
mais cela était toujours aussi étrange pour moi
d'avoir une relation à distance avec un garçon que
je ne connaissais pas.
Le lendemain, il m'a renvoyé un message,
je ne comprenais pas,
à chaque message envoyé
je me sentais mal.

Ça s'arrangera

J'ai décidé d'écouter mon cœur et de le laisser
s'en aller.
Quelque chose en moi me dit que j'aurai pu
continuer à discuter
avec ce garçon,
même si ma mère le souhaite absolument pas,
elle m'avait dit qu'il faut que je fasse très attention
à moi,
elle avait raison.

Ça s'arrangera

Aimer
c'est accepter la personne pour ce qu'elle est,
ce n'est pas demandé qu'elle soit parfaite,
savoir pardonner,
c'est l'aider lorsqu'elle en a besoin la soigner et
rester près d'elle.

Ça s'arrangera

Je suis une de ces filles qui peut lâcher un bain de
larmes à toutes remarques,
à tout moment,
devant un film ou même pour des devoirs,
heureusement c'est rare.
De temps à autre, j'aimerais que cela s'arrête
volontiers, je serai prête.

— *être sensible*

Ça s'arrangera

J'espère qu'un jour, je te rencontrerai,
j'espère pouvoir te rencontrer,
j'espère rencontrer,
un garçon qui m'aime pour ce que je suis,
non juste pour le physique, l'apparence,
que je puisse avoir de bons moments avec lui à l'infini.
J'en ai eu assez des histoires pas finies.

Ça s'arrangera

Tous les bons moments ont une fin.

Ça s'arrangera

Je me sens libre depuis que j'écris,
cela m'a aidé à reprendre confiance en moi,
parce que je n'en avais pas.Petit à petit j'ai repris confiance.

Ça s'arrangera

Tu me fais briller comme une bougie,
Tu fais grandir la flamme en moi,
Tu me fais brûler d'une façon inouïe,
Ti tu voyais à quel point je parle de toi à mes amies,
Tu deviendrais fou.

Ça s'arrangera

Je m'excuse pour tout ce que je t'ai dit de mal,
je m'excuse si je t'ai fait du mal,
je m'excuse à ne pas me montrer telle que je suis vraiment,
je ne t'ai montré qu'une partie de moi,
celle que j'ai voulu te montrer
et non celle que je suis réellement.

— *je te demande pardon*

Ça s'arrangera

Je retrouve le bon chemin.
Je veux aller droit au but,
Mais je me mets trop de pression.
Ma mère n'arrête pas de me dire,
"Tu te mets trop de pression. Détends-toi. Tout ira bien."

Ça s'arrangera

Choisis-moi ou choisis au revoir.
Elle m'a dit,
"Je pense que nous sommes soit la deuxième option, soit le plan B, soit une roue de secours."
Assurez-vous que je me sentais aussi comme le plan B,
En regardant son visage, on aurait dit qu'elle croyait que j'avais tué quelqu'un.
elle dit à notre ami,
"As-tu entendu ce qu'elle vient de dire ? "
"oui"
Sa réponse ne m'attirait plus, mais la réponse de mon amie était incroyable.
Elle était la seule à vraiment comprendre.

— merci de m'avoir écoutée et comprise

Ça s'arrangera

On s'abandonne soi-même pour éviter d'être abandonné par l'autre.
— *dépendance affective.*

Ça s'arrangera

J'ai besoin d'elle,
de son sourire,
sa positivité,
sa morale,
de la revoir
en chair et en os.
Elle me manque,
sa présence me manque,
absente,
mais quand même présente à travers un écran.

Ça s'arrangera

J'aimerai partager plus de temps ensemble
faire plus d'activités ensemble
cette année,tu n'étais pas
présent pendant six mois
tu me manque énormément
reviens à la maison
j'ai besoin de toi
s'il te plaît,
papa.

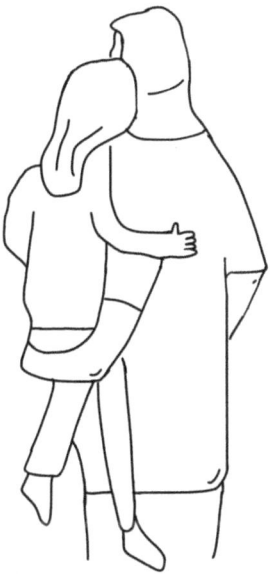

Ça s'arrangera

L'été,
la meilleure saison de l'année,
même avec la forte chaleur,
sauter des rochers de dix mètres de hauteur,
être sur une bouée
 aller à une vitesse plus rapide que la lumière,
c'est parfait,
faire du catamaran avec ses nouvelles amies
du centre ado,
c'est parfait,
revoir sa meilleure amie en chair et en os.
Je suis heureuse.
Dégageons ces ondes négatives
et laissons entrer les positives.

Ça s'arrangera

J'ai confiance en moi,
j'ai pas peur de dire,
ce que je souhaite,
je me fiche de leurs jugements,
rester dans ma coquille cela ne mènera à rien,
autant la briser,
l'année dernière oui ça n'a pas était facile mais j'aurai du
agir autrement,
ne pas rester avec des gens que je n'aime pas,
qui me tire vers le bas,
me critiqueront quoi que je fasse.

Ça s'arrangera

Dans trois lundis,
"on va à la plage"
se transformeront en
"t'es dans la classe de qui et avec qui".

— *Triste vérité.*

Ça s'arrangera

Chaque jour, j'essaie de devenir la personne,
que j'aurai aimé rencontrer,
j'agis comme la personne que j'aurai aimé
rencontrer,
une personne douce mais un peu timide
mais lorsqu'on la connaît totalement folle,
aime lire alors qu'on lui dit sans cesse que lire
c'est stupide,
mais elle se fiche de leur avis,
Elle veut juste vivre sa vie comme elle l'entend,
sans toujours être jugée,
faire de sa vie un rêve
rêve ta vie,
Je rêve de rencontrer cette personne.

Ça s'arrangera

Je suis assise sur une chaise sale où des milliers de personnes se sont probablement assises,
Ça fait un moment et je ne suis toujours pas à la maison.
Montrer son passeport avec un visage horrible,
Elle me regarde, sourit et me laisse passer.
J'entre dans cet engin polluant
et m'assois au côté hublot,
Ça fait un moment et je ne suis pas à la maison,
vingt heures trente le soleil se couche et le ciel devient noir.
Tout ce que nous voyons sont les lumières de la ville,
un parc d'attractions illuminé avec de nombreuses couleurs.

Ça s'arrangera

L'année dernière, j'aurai pleuré
cette année, je n'y donne aucune importance,
gênée, je suis vite partie.

Ça s'arrangera

Nouvelle rentrée, nouveau départ,
pourtant, je me sens pas très prête
finalement, je préfère ma classe de l'année
dernière,
et puis mon emploi du temps avec deux heures
d'histoire à huit heures du matin,
ce n'est pas très plaisant,
ma classe bruyante où je ne connais que quelques
personnes
j'ai eu l'habitude d'être déçue pour ça,
de toute façon,
je n'avais plus aucun espoir
ça ne sert à rien de s'attendre au meilleur
on sera encore plus déçu.

Ça s'arrangera

Il est minuit toujours pas entrain de dormir
alors qu'elle sait qu'elle va être crevée le
lendemain,
puis toujours en train d'écrire un poème,
elle ne sait où ses nombreux poèmes vont atterrir,
Elle espère entre de bonnes mains.

Ça s'arrangera

Pensant trop souvent à mon futur,
à mon avenir,
pensant à ce que je veux et faire plus tard,
à vrai dire le futur m'angoisse beaucoup,
comme on dit le passé fait le présent,
mais dans le présent on choisit notre futur,
les secondes où les minutes à venir,
mais souvent pas plus loin que ça,
j'ai toujours rêvé d'être professeur d'école,
mais quand j'y pense, je déteste les cours.
Pourquoi rester toute la vie dans une école ?
Aujourd'hui, j'ai un plan B.
Je rêverai d'être autrice,
vivre de mes livres et pouvoir dire
que j'ai commencé ma *carrière* en tant que jeune
adolescente perdue dans ses pensées.
Ce n'est qu'un simple rêve.

Ça s'arrangera

*Une vie pleine d'obstacles est comme un long et mystérieux voyage,
Cela reste à découvrir.*

Ça s'arrangera

Pourquoi nous poser une question pour se moquer derrière et nous traiter de "moche" ou je ne sais quoi d'autre.
Pourquoi donc se moquer de tout le monde,
Rappelle-toi que tu n'en deviendras pas meilleur.

— A la personne qui devrait arrêter de croire que c'est un roi.

Ça s'arrangera

Pour toi les maths seront simples,
ou même super simples,
et bien pas pour moi,
des fois ça peut aller de pleurs en colère juste pour
un devoir de maths.
Je lui ai dit que je comprenais,
j'ai menti,
il me faut plus de temps,
pour toi c'est un cours ou deux,
moi, il m'en faut aux moins quelques-uns,
mais je finis toujours par comprendre
cela m'a juste pris plus de temps que toi.

— *symptômes de la dyscalculie*

Ça s'arrangera

J'ai découvert que c'est mieux de garder tout pour soi,
on ne sait jamais comment les mots que tu as utilisés vont se transformer dans une bouche de l'autre.

Ça s'arrangera

Je l'ai aimé oui,
maintenant c'est fini,
ne me croyez pas, tant pis,
de toute façon il ne m'aimera pas.

Ça s'arrangera

Casque sur ses oreilles, dans le bus, écoutant sa playlist préférée.
disparaît dans un monde sans le moindre problème,
appuie sur un bouton, et se lève
retire son casque et réapparaît dans le monde à problèmes.
et repense à cette journée infernale et longue.
Mais continue d'avancer.
réussis,
puis atterris dans son lit.

Ça s'arrangera

Je crie à l'aide mais mes cordes vocales ne fonctionnent plus…

Ça s'arrangera

Assise sur ce banc en vieux bois,
elle regarde son amie jouer au volley,
elle le souhaite aussi,
elle n'arrive pas à se relever,
pourtant c'est une épreuve facile,
elle n'y arrive pas,
ses voix dans sa tête insistent pour qu'elle aille jouer,
n'arrive pas à se relever
une fois debout, elle se rassoit,
ses amis la regarde d'un air anormal,
elle se relève une bonne fois pour toute,
et court vers ce foutu terrain de volley,
ne reçois pas la balle,
une fois reçue, elle fait son service,
c'est la première et la dernière balle qu'elle a pu toucher.
elle repart débordant de sanglots
après tout,
elle aurait dû rester sur ce banc.

— peut-être de l'anxiété

Ça s'arrangera

Elle avait raison,
garder tout pour soi est mieux,
si l'on te force à le dire ,
tu te sens obligé(e),
même à l'idée d'y penser, j'étais rouge.
maintenant, elles l'ont deviné

   —garder tout pour soi est des fois mieux

Ça s'arrangera

Réussir à trouver des filles qui aiment les mêmes choses que moi,
qui sont elles aussi sur ce réseau social,
partager nos avis de lectures
annoter des livres ensemble.

Ça s'arrangera

Si vous pouviez modifier une chose dans votre passé,
qu'est-ce que se serait ?

— *A vous chers lecteurs.*

Ça s'arrangera

Pourquoi voudrais-tu modifier ton passé ?
si ton passé fait le présent.

Ça s'arrangera

Si je n'avais pas découvert ce réseau social,
je ne sais où j'en serai aujourd'hui
dans quoi je dépenserai mon argent de poche
je ne sais à peine.

Ça s'arrangera

*Je commence mal mon année pour les mathématiques en tout cas,
pour le reste je ne me plains pas,
je commence avec un huit et finis avec un zéro.*

Ça s'arrangera

Quelques chose ne vas pas,
je serai la,
je veillerai toujours sur toi,
quoi qu'il arrive,
je serai présente,
si tu pars;je m'enfuirai avec toi
Alors laisse-moi au moins danser avec toi.

Ça s'arrangera

La peur,
un esprit dévorant chez moi,
cela me prive de nombreuses choses,
je ne connais la raison,
Cet esprit m'envahit,
me prive de souvenirs,
se priver de moment entre amis
à cause de cet esprit,
Alors que je n'ai rien demandé
mais j'arrive pas à passer cette étape
de me dire que ce n'est qu'un lieu
et qu'il ne fera rien.

Ça s'arrangera

J'ai envie de lui dire que je l'aime,
mais quelque chose en moi me dit vaut mieux pas le faire,
je soupçonne dans ma tête l'esprit de la peur,
oui, encore elle,
qui me hante bel et bien.
Je pourrai lui dire ce que je ressens pour lui,
mais non encore cet esprit qui revient.
par peur d'être «rejetée» ou qui ne m'aime pas.
Mais il vaut mieux avoir des regrets que des remords.

Ça s'arrangera

Les cours reprennent dans pas longtemps,
pas envie de reprendre,
je ne suis pas la seule,
enfin, il me semble,
mais l'envie de revoir mes amis,
monte de plus en plus haut.

Ça s'arrangera

On nous dit qu'elle veut grandir trop vite,
Notre génération,
Je crois qu'ils ont plutôt raison,
S'habiller comme une personne qui a deux fois
Notre âge,
Je crois que c'est pas très digne,
Tu peux aller faire ton relooking,
Si tu le souhaites,
Mais ce n'est que mon avis,
Et rien de plus.

Ça s'arrangera

Je me souviens de tout ce que tu as oublié.

— à celle qui pensait qu'elle était gentille avec moi.

Ça s'arrangera

Pensées profondes et perdues.
Ils parlent de, je ne sais de quoi,
Cela a duré plusieurs minutes.
Sortir enfin de ces pensées profondes
Je leur parle.
En fait, je ne sais pas pourquoi je suis ici.

Ça s'arrangera

J'ai aidé cette petite fille,
blonde aux yeux bleus,
mignonne,
intelligente,
je pensais qu'elle aurait de nombreuses difficultés,
au contraire,
elle comprenait rapidement
ce que je lui expliquais,
j'étais fière de moi.
Elle aussi lorsqu'elle a vu qu'elle obtenait que des bons résultats à l'école.
Enfin, ma parole prononcée, avait servi à quelque chose.

Ça s'arrangera

J'accélère, ralentis.
prends le virage de droite puis celui de gauche
Dépasse quelques adversaires mais pas assez.
Pose mon pied sur cet accélérateur
essayant peut-être de les doubler.
Malheureusement, je n'y arrive pas
et finis dernière.
Pourtant j'y arrivais souvent.
Pas cette fois-ci,
ce n'est pas grave la prochaine fois, je ferai sans
doute mieux,
tu y arriveras.
Ne doute surtout pas de tes capacités juste parce
qu'une fois, tu es tombé(e) à l'eau,
tu dois et vas te relever,
Montre-leur que tu es fort(e),
Même si tu retomberas à l'eau,
Tu reprendras ton bateau,
Puis navigueras là où tu réussiras.

— ne baisse jamais les bras.

Ça s'arrangera

Nos appels durent des heures,
chacune entrain de faire quelque chose,
des fois, nous nous parlons même pas,
pendant quelques minutes.
La conversation reprend tout le temps et heureusement,
parlant de tout et de rien,
c'est formidable.

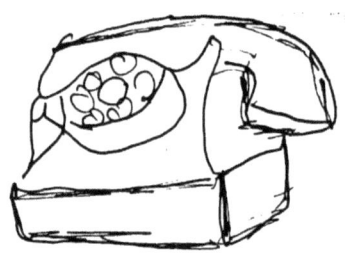

Ça s'arrangera

Chère moi,
je me posais plein de questions et encore, je pense.
je voudrai sincèrement y répondre mais je ne peux pas,j'y arrive pas,
toujours je me demandais le pourquoi du comment,
c'est énervant,
Est-ce que je l'ai bien fait ?
oui ou non ?
Lui ai-je fait du mal ?
Je l'ai blessé ?
Suis-je belle ?
Je n'aurais jamais dû dire ça,pas vrai ?
Toutes ces questions m'envahissent et s'empilent au fur et à mesure.
Toutes ces questions parfois pour rien.
Endure un stress parfois énorme,
je sur réfléchis beaucoup trop et je redis au moins un dizaine de fois une même phrase,
pour être sûre que je ne dise pas de choses bêtes.
si je devais parler devant toute la classe,
il faudrait que j'apprenne tout un texte par coeur car devant une foule de personnes je ne peux contrôler ce que je raconte aux gens, sans trop être préparée.
Toutes ces questions m'envahissent et s'empilent au fur et à mesure.

Ça s'arrangera

Cette tête, ce cerveau et les neurones restants commencent peu à peu à exploser.

Ça s'arrangera

Dîtes moi quand je deviendrai meilleure,
j'écris ce poème en pleurs,
j'en ai marre de cette matière,
je ressors de cette salle de classe à la limite du débordement de sanglots,
j'écris ce poème en me disant que je suis une de ces poussières qui ne sait rien faire,
J'en ai marre de cette matière.

Ça s'arrangera

Je vais bien avec des hauts et des bas.
Comme tout le monde.

Ça s'arrangera

Elles sont là depuis si longtemps,
ces filles.
les moments les plus durs,
les plus incroyables.
Ceux les plus tristes,
les plus marrants.
lorsque je ne vais pas bien, vous me réconfortez,
et vous me rendez plus forte.

    — *irremplaçables*

Ça s'arrangera

Le problème,
ce garçon et les papillons dans mon ventre,
lorsque je le vois.
je tombe accidentellement amoureuse.

Ça s'arrangera

Sois forte,
Sois la personne que tu as toujours rêvé d'être.
Accomplis ce rêve qui tourne dans ta tête depuis quelque temps.
je t'assure une fois réussi,
tu seras épanoui(e).

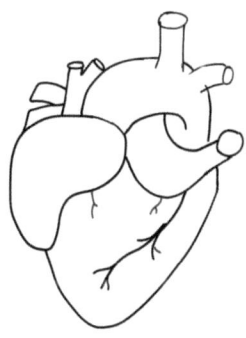

Ça s'arrangera

La douleur vient,
le bonheur viendra.

Ça s'arrangera

Le problème avec l'écriture,
tu ne peux pas oublier quelque chose,
c'est gravé sur ces pages.

Ça s'arrangera

J'ai essayé de poser des mots sur mes maux.

Ça s'arrangera

Remerciements

Premièrement, j'aimerai remercier mes meilleures amies, elles m'ont énormément motivé à continuer à écrire.J'aurais cru qu'elles auraient trouvé ça étrange mais au contraire, elles étaient graves contentes, sûr-excitées pour moi.plus motivantes que jamais sans elles, j'aurai décroché à la première réécriture. Je suis extrêmement reconnaissante de les avoir à mes côtés jours et nuits depuis maintenant plus de treize ans.
Deuxièmement, je voudrai remercier ma famille,ma mère pour l'écriture et mon père pour tous ce qui est de la mise en page.Je leur remercie d'avoir toujours cru en moi et de m'avoir soutenu.
Ensuite,j'aimerai remercier toutes mes bêtas lectrices ainsi que Rim,Paloma,Adèle,Marie,Alyssa et plein d'autres qui ont toujours su trouver la moindre coquille. Surtout j'aimerai remercier Emma qui a été présente pendant la moitié de mon projet. Elle a su me donner des conseils, des idées.
Enfin,je remercie ma copine Charlène de m'avoir fait quelques illustrations de mon recueil et la première de couverture. Les restes des dessins par moi même.
Puis toutes ces personnes qui me suivent sur les réseaux sociaux.Et toi derrière ce livre qui a lu toutes ces pages pleines d'émotions. Tu as fait vivre tous mes petits poèmes. — *MERCI*

Ça s'arrangera

Note de l'auteur

Comme vous avez pu le remarquer je suis une jeune auteure qui aime lire qui s'est dit un jour qu'elle allait commencer un recueil de poèmes et le voila fini. Dans vos mains.

Je m'aurai jamais dit que j'y arriverai.Tu peux réaliser tous tes rêves.Foncez.

Sinon, vous allez regretter.

Vous allez vous demander pourquoi j'ai commencé à écrire,je ne sais pas.

Lorsque j'étais jeune, j'écrivais tous dans un journal intime et aujourd'hui, j'en ai écrit un recueil.

Au début, je me disais quand en deux semaines je terminerai mais ça n'est pas du tout le cas.Après une centaine de relectures et de réécritures le voici enfin.

Mes réseaux sociaux :
tiktok anouk_wtp1
instagram anouk.bellefleur
N'oublie pas *ça s'arrangera* toujours avec le temps.

Ça s'arrangera

© 2023 Anouk BelleFleur
Édition : BoD · Books on Demand,
31 avenue Saint-Rémy, 57600 Forbach, bod@bod.fr
Impression : Libri Plureos GmbH,
Friedensallee 273, 22763 Hamburg (Allemagne)
ISBN : 978-2-3225-0061-1
Dépôt légal : Octobre 2023

Ça s'arrangera

Ça s'arrangera